MARTINA KITTLER

GRÜNES GEMÜSE

FOTOGRAFIE: WOLFGANG SCHARDT, AUEN60 PHOTOGRAPHY

INHALT

Öffnen Sie die Klappen dieses Buches.
Dort finden Sie die wichtigsten Infos zum Thema auf einen Blick!

GRÜNES GEMÜSE:
HEALTHY FACTS

DIE PERFEKTE
KOMBI

Immer griffbereit:

SO GEHT'S:
GRÜNES GEMÜSE
DÄMPFEN

Immer griffbereit:

GRÜNE TIPPS
VOM PROFI

GU
CLOU

Wussten Sie schon, dass ...?
Entdecken Sie bei einigen ausgewähl-
ten Rezepten ganz besondere Tipps
mit verblüffendem Insiderwissen.
Aha-Momente garantiert!

Mit diesem Symbol sind alle vegetarischen
Gerichte gekennzeichnet.

Die Backzeiten können je nach Herd variie-
ren. Unsere Temperaturangaben beziehen
sich auf das Backen im Elektroherd mit
Ober- und Unterhitze.

Sammeln Ihrer Lieblingsrezepte
mit der »GU Kochen Plus«-App
(siehe S. 64)

REZEPTKAPITEL

06 GRÜNE MUNTER-MACHER

18 KLEINE GREENIES

30 GRÜNE SALATE & SUPPEN

42 HAUPTSACHEN & BEGLEITER

MARTINA KITTLER

Grün ist das neue Bunt! Auch ich schwöre täglich auf die gesunden Wirkungen von grünen Köstlichkeiten in allen Schattierungen: knackige Gemüse, Salate, Sprossen, Kräuter und Co. Warum? Weil ich fit und schlank bleiben will und weil ich gerne esse, koche und experimentiere.

Was ist grünes Gemüse?

Dazu gehören alle pflanzlichen Nahrungsmittel, die grün sind: Blattgemüse wie Salat, Rucola und Spinat sowie Fruchtgemüse, z. B. Gurken, grüne Paprika und Zucchini. Verschiedene Kohlsorten von Brokkoli über Rosenkohl bis zum Wirsing. Frühlingszwiebeln und Lauch werden bei den »Greens« ebenso angesiedelt wie grüne Hülsenfrüchte, also beispielsweise Erbsen und Bohnen. Auch Kräuter, Wildkräuter, die zarten Blätter von Gemüse, grüne Sprossen und Algen bereichern die »bunte« Palette in Grün.

Warum soll man viel Grünes essen?

Weil es viel Chlorophyll enthält. Der natürliche Farbstoff macht Blätter grün und wandelt Sonnenlicht in Kohlenhydrate um. Die liefern der Pflanze die nötige Wachstumsenergie. Das Ganze heißt Fotosynthese und ist für uns sehr wichtig, denn nebenbei entsteht so auch Sauerstoff. Mit grünem Gemüse nimmt man Chlorophyll auf – je grüner, desto mehr. Dazu kommen weitere wertvolle Inhaltsstoffe wie Vitamine, Nährstoffe und jede Menge Ballaststoffe. Grünes gehört zu den besten Quellen für Magnesium, ist reich an Carotinoiden und wertvollen Antioxidantien.

Gehört die Avocado dazu?

Jein. Botanisch ist die Exotin kein Gemüse, sondern eine tropische Frucht – genauer gesagt, eine Beere. Da sie aber meist roh als Gemüse zubereitet wird, hat die Avocado einen festen Platz in der grünen Küche. Mit reichlich ungesättigten Fettsäuren zählt sie zum Superfood für Herz und Gefäße.

DER SCHNELLSTE GRÜNGEMÜSE-WOK

1 kg Baby-Pak-Choi putzen, waschen und in ca. 2 cm breite Stücke schneiden.

1 Bund Frühlingszwiebeln putzen, waschen und in feine Ringe schneiden.

Gemüse mit 2 EL Erdnussöl 2–3 Min. pfannenrühren.

Je 4 EL Hoisinsauce, Sojasauce und Wasser verrühren und dazugeben. Zugedeckt etwa 1 Min. garen.

Knackiger Pak Choi mit süßlicher Schärfe – dieses Blitzgericht (für 4 Personen) ist in etwa 20 Min. zubereitet und schmeckt mit weißem Reis.

GRÜNE MUNTERMACHER

GREEN OVERNIGHT-OATS 🌿

VITAMINREICH

FÜR DAS MÜSLI

200 g junger Blattspinat
1 große Stange Staudensellerie mit
Grün (ca. 100 g)
1 Banane
400 ml Mandeldrink (ungesüßt)
2 TL Limettensaft
¼ TL gemahlene Vanille
1 EL flüssiger Honig (nach
Belieben)
160 g kernige Haferflocken

FÜR DAS TOPPING

125 g Himbeeren
125 g Heidelbeeren
1 Banane
4 EL Kokos-Chips

GUT ZU WISSEN
Durch das Quellen der Haferflocken über Nacht und das
feine Zerkleinern des grünen
Gemüses sind die Oats auch
für Menschen verträglich, die
sonst auf ballaststoffreiche
Rohkost sensibel reagieren.

MÜSLI: Spinat verlesen, waschen, trocken schleudern und grobe Stiele abknipsen. Staudensellerie waschen, putzen und in Scheiben schneiden, das Selleriegrün grob schneiden. Die Banane schälen und in Scheiben schneiden.

Spinat, Sellerie und Selleriegrün mit Bananenscheiben, Mandeldrink, Limettensaft, Vanille und nach Belieben mit Honig in einen hohen Rührbecher oder den Mixbehälter geben. Erst alles auf kleiner, dann auf höchster Stufe mit dem Pürierstab oder im Standmixer fein pürieren. Die Haferflocken unterrühren. Die Mischung in eine Schüssel füllen und abgedeckt 6–8 Std. (über Nacht) im Kühlschrank quellen lassen.

TOPPING: Die Beeren verlesen und kurz abbrausen. Übrige Banane schälen und schräg in Scheiben schneiden.

ANRICHTEN: Die Oats zu gleichen Teilen in vier Schälchen geben. Mit Bananenscheiben und Beeren garnieren und alles mit Kokos-Chips bestreuen. Sofort servieren.

Für 4 große Gläser (à 350 ml) • 15 Min. Zubereitung • Pro Portion ca. 130 kcal, 2 g E, 1 g F, 27 g KH

BRUNNENKRESSE-GURKEN-SMOOTHIE ◖

FRÜHLINGS-REZEPT

1 Bund Brunnenkresse
  (ca. 100 g; ersatzweise
  junger Blattspinat)
200 g Salatgurke
2 reife Bananen
1 Stück Ingwer (ca. 2 cm lang)
4 EL Zitronensaft
200 ml Orangensaft
300 ml Trinkmolke
2 EL flüssiger Honig (nach
  Belieben)

1 Brunnenkresse verlesen, waschen und trocken schütteln. Einige Stängel zum Garnieren beiseitelegen, restliche Kresse samt Stielen grob schneiden. Gurke putzen, waschen und würfeln. Bananen schälen und in ca. 2 cm dicke Stücke teilen. Ingwer schälen, fein reiben.

2 Erst die Brunnenkresse, danach Gurke, Bananen und Ingwer in einen hohen Rührbecher oder den Mixbehälter geben. Mit Zitronen- und Orangensaft sowie Molke auffüllen. Alles zunächst auf kleiner, dann auf höchster Stufe mit dem Pürierstab oder im Mixer pürieren. Nach Belieben mit Honig süßen und diesen kurz untermixen.

3 Den Smoothie auf vier Gläser verteilen und mit der beiseitegestellten Brunnenkresse garnieren. Am besten sofort genießen.

Für 4 Gläser (à 250 ml) • 20 Min. Zubereitung • Pro Portion ca. 90 kcal, 3 g E, 2 g F, 14 g KH

GRÜNKOHL-KOKOS-SMOOTHIE 🌿

LAKTOSEFREI

*200 g zarte Grünkohlblätter
(ca. 100 g geputzt gewogen;
ersatzweise 100 g
TK-Grünkohl)*
1 Römersalatherz
*1 grüner Apfel (z. B. Granny
Smith)*
1 reife Mango (ca. 400 g)
6 Stängel Petersilie
½ TL gemahlene Vanille
4 EL Limettensaft
250 ml Kokosdrink (ungesüßt)

1 Grünkohl waschen, das Grün von den Stielen zupfen und grob schneiden. Salat waschen, putzen und ebenfalls grob schneiden. Apfel waschen, vierteln, entkernen und klein schneiden. Mango schälen, Fruchtfleisch erst vom Stein, dann in Stücke schneiden. Petersilie abbrausen, trocken schütteln und die Blätter abzupfen.

2 Erst Grünkohl, Salat und Petersilie, dann die Apfel- und Mango-stücke in einen hohen Rührbecher oder den Mixbehälter geben. Vanille, Limettensaft, Kokosdrink und 150 ml Wasser zufügen und alles zunächst auf kleiner, dann auf höchster Stufe mit dem Pürier-stab oder im Standmixer sämig und glatt pürieren. Den Drink auf vier Gläser verteilen und am besten sofort servieren.

GRÜNE SMOOTHIE-BOWL
MIT CRUNCH 🌿

VEGAN

FÜR DEN CRUNCH

60 g Walnusskerne
1 EL Kokosöl
100 g kernige Dinkelflocken
4 EL Apfeldicksaft (ersatzweise
  Birnendicksaft)

FÜR DIE SMOOTHIE-BOWL

250 g Mangoldblätter (ohne Stiele)
75 g Rucola
1 junge Zucchini (ca. 300 g)
3 reife Birnen (ca. 900 g)
500 ml Apfelsaft (ungesüßt)
2 EL Zitronensaft (nach Belieben)
200 g Erdbeeren

GU CLOU

Herzhafte Frühstückstypen wandeln das Rezept einfach um: Smoothie mit Gemüsebrühe oder -fond (aus dem Glas) statt mit Apfelsaft mixen. Wer's morgens gerne scharf mag, würzt das Knusper-Topping noch mit Chiliflocken.

CRUNCH: Walnüsse grob hacken. Kokosöl in einer Pfanne erhitzen, Flocken und Nüsse darin bei mittlerer Hitze unter Rühren in ca. 5 Min. goldbraun rösten. Den Dicksaft zufügen, alles gut vermischen und unter Rühren 1–2 Min. weiterrösten. Auf einen Bogen Backpapier geben und abkühlen lassen.

BOWL: Mangold und Rucola putzen, waschen, abtropfen lassen. Mangoldstiele abschneiden und anderweitig, z. B. für eine Suppe, verwenden. Mangoldgrün grob schneiden. Die Zucchini putzen, waschen und würfeln. Die Birnen waschen, 1 Birne beiseitelegen, die übrigen Birnen vierteln, das Kerngehäuse entfernen und die Viertel in Stücke schneiden.

Erst Mangold, Mangoldgrün und Rucola, dann Zucchini und Birnenstücke in einen hohen Rührbecher oder den Mixbehälter füllen. Den Apfelsaft zugießen und nach Belieben mit dem Zitronensaft abschmecken. Alles mit dem Pürierstab oder im Standmixer erst auf kleiner, dann auf höchster Stufe pürieren.

FERTIGSTELLEN: Die Erdbeeren kurz abbrausen, putzen, je nach Größe halbieren oder vierteln. Übrige Birne vierteln, entkernen und in dünne Spalten schneiden. Den Smoothie auf vier Schüsseln (Bowls) verteilen, mit den Erdbeeren und Birnenspalten belegen. Crunch daraufgeben und servieren.

Für 4 Personen • 30 Min. Zubereitung • Pro Portion ca. 330 kcal, 17 g E, 25 g F, 8 g KH

BOHNEN-KOHLRABI-OMELETT 🌿

LOW CARB

150 g grüne Bohnen
1 Kohlrabi mit Grün
  (ca. 350 g)
1 Zwiebel
1 Knoblauchzehe
5 EL Olivenöl
8 Eier (M)
Salz, Pfeffer
1 Radicchio
50 g junger Blattspinat
2 EL Weißweinessig
1 TL süßer Senf

1 Bohnen waschen, putzen und in ca. 1 cm breite Stücke schneiden. Kohlrabi putzen, schälen und ca. 1 cm groß würfeln, zarte Blättchen waschen und fein schneiden. Zwiebel und Knoblauch schälen, würfeln.

2 In einer beschichteten Pfanne 2 EL Öl erhitzen. Zwiebel, Knoblauch, Bohnen und Kohlrabi darin bei mittlerer Hitze 6–7 Min. braten. Eier mit Salz und Pfeffer verquirlen, über das Gemüse gießen und kurz unterrühren. Bei niedriger Hitze zugedeckt 10–15 Min. stocken lassen.

3 Radicchio waschen, putzen, vierteln und in ca. 1 cm breite Streifen schneiden. Spinat verlesen, waschen und trocken schleudern. Essig, Senf, Salz und Pfeffer verrühren, übriges Öl unterschlagen. Radicchio und Spinat mit der Vinaigrette mischen. Omelett in Stücke schneiden, mit Kohlrabigrün bestreuen und mit dem Salat servieren.

Für 4 Personen • 30 Min. Zubereitung • Pro Portion ca. 510 kcal, 17 g E, 21 g F, 62 g KH

ERBSEN-AVOCADO-PANCAKES 🌿

EINFACH

200 g TK-Erbsen
250 g Mehl
2 TL Backpulver
Salz
1 Avocado
250 ml Buttermilch
2 Eier (M)
1 nicht zu reife Mango
*   (ca. 400 g)*
2 EL Limettensaft
Pfeffer
½ Bund Koriandergrün
2 EL Olivenöl

1 Den Backofen auf 80° vorheizen. Die Erbsen auftauen lassen. Mehl, Backpulver und ½ TL Salz mischen. Avocado halbieren, Kern und Schale entfernen. Das Fruchtfleisch mit 100 g Erbsen, Buttermilch und Eiern in einen hohen Rührbecher geben und pürieren. Den Mehl-Mix zugeben, alles glatt rühren und ca. 10 Min. ruhen lassen.

2 Mango schälen, das Fruchtfleisch vom Stein und in kleine Würfel schneiden. Mit übrigen Erbsen und Limettensaft mischen, salzen und pfeffern. Koriander abbrausen, trocken schütteln. Einige Blätter für die Garnierung beiseitelegen, den Rest unter die Salsa mischen.

3 Das Öl portionsweise in einer großen beschichteten Pfanne erhitzen. Jeweils 1–2 EL Teig hineingeben und bei mittlerer Hitze von beiden Seiten in 5–6 Min. zu goldgelben Pancakes backen. Im Ofen warm halten, bis der Teig komplett verarbeitet ist. Pancakes und Mango-Erbsen-Salsa anrichten und mit Koriander bestreut servieren.

HIRSE-ROHKOST-MÜSLI
MIT JOGHURT ◖

VOLLWERT-REZEPT

150 g Hirse
Salz
1 Salatgurke
1 hellgrüne Spitzpaprika
   (ca. 120 g)
1 Avocado
3 EL Zitronensaft
200 g Kirschtomaten
4 Frühlingszwiebeln
Pfeffer
4 EL Olivenöl
100 g Radieschensprossen
300 g griechischer
   Sahnejoghurt

MEHR DARAUS MACHEN
1 Bund gemischte Kräuter
(z. B. Basilikum, Petersilie,
Schnittlauch) nicht zu fein
hacken. Zwei Drittel davon
unter die Hirse rühren, den
Rest mit 4 TL geröstetem
Sesam mischen und auf den
Joghurt-Dip streuen.

1 Die Hirse in ein Sieb geben, mit kaltem Wasser abspülen und abtropfen lassen. Dann mit 300 ml Salzwasser in einem Topf zum Kochen bringen und zugedeckt bei schwacher Hitze 10–15 Min. köcheln, bis das Wasser fast vollständig aufgesogen ist. Auf dem abgeschalteten Herd noch 5–10 Min. quellen lassen.

2 Inzwischen die Gurke waschen, abtrocknen und längs vierteln. Die Viertel in ca. 0,5 cm breite Stücke schneiden. Die Paprika waschen, halbieren, Stielansatz, weiße Trennwände und Kerne entfernen. Die Hälften quer in feine Streifen schneiden. Die Avocado halbieren, Kern und Schale entfernen. Das Fruchtfleisch klein würfeln und mit 1 EL Zitronensaft beträufeln. Die Tomaten waschen und vierteln. Frühlingszwiebeln waschen, putzen, weiße und grüne Teile getrennt in feine Ringe schneiden.

3 Avocado und alle Gemüse mit Ausnahme der grünen Frühlingszwiebelanteile mischen. Mit übrigem Zitronensaft, Salz, Pfeffer und 2 EL Öl abschmecken. Sprossen gründlich abbrausen und abtropfen lassen. Je zwei Drittel der Gemüsemischung und der Sprossen unter die warme Hirse heben. Das Müsli auf vier Schalen verteilen, den restlichen Gemüse-Mix obenauf geben.

4 Joghurt mit restlichem Öl sowie etwas Salz und Pfeffer glatt rühren und auf dem Hirse-Müsli verteilen. Mit den übrigen Sprossen und Frühlingszwiebeln garnieren und servieren.

KLEINE GREENIES

GRÜNE ANTIPASTI MIT EI 🌿

AUS ITALIEN

250 g grüne Bohnen
250 g grüner Spargel
400 g junge Zucchini
500 g Mangold
Salz
4 Knoblauchzehen
8 EL Olivenöl
Pfeffer
2 EL Aceto balsamico bianco
40 g Pinienkerne
4 hart gekochte Eier (M)
8 TL Tomaten-Pesto (aus dem Glas)

TAUSCH-TIPP

Original italienisch: die gekochten Eier durch 4 Kugeln Büffelmozzarella (à ca. 125 g) oder 100 g grob gehobelte Parmesanspäne ersetzen.

1 Sämtliche Gemüse waschen und putzen. Die Bohnen in kochendem Salzwasser in 8–10 Min. bissfest garen, abgießen und abtropfen lassen. Spargel im unteren Drittel schälen. Die Stangen in dünne Scheiben schneiden. Zucchini längs in dünne Scheiben schneiden oder hobeln. Die Mangoldstiele in ca. 0,5 cm breite Stücke, die Blätter in ca. 1 cm breite Streifen schneiden. Knoblauch schälen, fein würfeln oder hacken.

2 Eine große, schwere Pfanne mit 2 EL Öl einpinseln. Die Zucchinischeiben in zwei Portionen bei hoher Hitze auf beiden Seiten in 3–4 Min. hellbraun braten. Mit Salz, Pfeffer und Essig würzen. Auf einer Servierplatte oder vier Tellern anrichten.

3 Weitere 2 EL Öl in der Pfanne erhitzen. Die Bohnen mit der halben Menge Knoblauch hineingeben und bei mittlerer Hitze 1–2 Min. braten. Herausnehmen und anrichten. Noch 2 EL Öl in der Pfanne erhitzen und nun den Spargel bei hoher Hitze in ca. 5 Min. unter Wenden braten, dann salzen und pfeffern. Die übrigen 2 EL Öl in der Pfanne erhitzen, restlichen Knoblauch und Mangoldstiele bei mittlerer Hitze ca. 2 Min. andünsten, salzen und pfeffern. 100 ml Wasser angießen, alles aufkochen und zugedeckt etwa 4–5 Min. dünsten. Mangoldgrün zugeben und in ca. 1 Min. zusammenfallen lassen. Nachwürzen und anrichten. Gemüse mit den Pinienkernen bestreuen.

4 Die Eier pellen, längs halbieren und mit Pesto darauf auf den Antipasti anrichten. Dazu passt Ciabatta oder Baguette.

Für 4 Personen • 20 Min. Zubereitung •
Pro Portion ca. 160 kcal, 8 g E, 12 g F, 5 g KH

Für 4 Personen • 25 Min. Zubereitung •
30 Min. Abkühlen •
Pro Portion ca. 100 kcal, 3 g E, 6 g F, 8 g KH

ERBSEN-FETA-AUFSTRICH 🌿

VEGETARISCH

BROKKOLI-EDAMAME-HUMMUS 🌿

VEGAN

125 g TK-Erbsen • Salz • 1 Knoblauchzehe •
100 g Schafskäse (Feta) • ½ Bund Petersilie •
4 Stängel Dill • 1 ½ EL gehackte Mandeln •
2 EL Olivenöl • 2 TL Zitronensaft • Chiliflocken

100 g Brokkoli • 1 Schalotte • 1 kleine Knoblauch-
zehe • 1 EL Olivenöl • 100 g TK-Edamame-Kerne
(grüne Sojabohnenkerne) • 100 ml Gemüsebrühe •
1 EL Tahin (Sesampaste) • 1 TL Zitronensaft •
Salz, Pfeffer • ½ TL gemahlener Kreuzkümmel

1 Erbsen in kochendem Salzwasser ca. 1 Min. blanchieren, abgießen und abtropfen lassen. Knoblauch schälen und hacken. Den Feta grob würfeln. Petersilie und Dill abbrausen, trocken schütteln, abzupfen und bis auf ein paar Blätter bzw. Spitzen für die Garnierung grob hacken.

2 1 ½ TL Mandeln beiseitelegen, übrige Mandeln, Erbsen, Knoblauch, Feta und Kräuter mit dem Öl in einen hohen Rührbecher geben und mit dem Pürierstab fein pürieren. Mit Zitronensaft, Salz und Chiliflocken würzen. Die übrigen Kräuter hacken, mit den restlichen Mandeln über den Aufstrich streuen. Gekühlt 2–3 Tage haltbar.

1 Brokkoli putzen, waschen, in Röschen zerteilen. Schalotte und Knoblauch schälen, fein würfeln.

2 Das Öl in einer Pfanne erhitzen. Schalotte, Knoblauch und Brokkoli darin bei mittlerer Hitze unter Wenden ca. 3 Min. anbraten. Edamame-Kerne und Brühe zugeben, alles aufkochen und zugedeckt 5–6 Min. dünsten. Anschließend vom Herd nehmen und lauwarm abkühlen lassen.

3 Gemüse mit Tahin in einen hohen Rührbecher geben und mit dem Pürierstab fein pürieren. Mit Zitronensaft, Salz, Pfeffer und Kreuzkümmel abschmecken. Gekühlt 2–3 Tage haltbar.

Für 4 Personen • 20 Min. Zubereitung •
Pro Portion ca. 235 kcal, 3 g E, 24 g F, 2 g KH

Für 4 Personen • 30 Min. Zubereitung •
1 Std. Abkühlen •
Pro Portion ca. 100 kcal, 1 g E, 8 g F, 6 g KH

AVOCADO-BÄRLAUCH-CREME

FRÜHLINGS-REZEPT

*2 kleine reife Avocados • 2 EL Limettensaft •
100 g Frischkäse (Doppelrahmstufe) • Salz,
Pfeffer • 1 Frühlingszwiebel • 40 g Bärlauch
(ersatzweise Schnittlauch und 1 Knoblauchzehe)*

1 Die Avocados halbieren, Kern und Schale
entfernen. Fruchtfleisch sofort mit Limettensaft
beträufeln und mit einer Gabel zerdrücken. Den
Frischkäse unterrühren, salzen und pfeffern.

2 Frühlingszwiebel putzen, waschen und fein
würfeln. Bärlauch waschen, die harten Stängel
entfernen, die Blätter in feine Streifen schneiden.

3 Frühlingszwiebel und Bärlauch (bis auf einige
Streifen für die Garnierung) unter die Avocadocreme heben. Mit den übrigen Bärlauchstreifen
bestreut servieren. Gekühlt 1–2 Tage haltbar.

GRÜNES AJVAR

VOM BALKAN

*2 ½ grüne Paprika (ca. 500 g) • 1 grüne Chili-
schote • 1 Knoblauchzehe • 3 EL Olivenöl •
2 EL Apfelessig • 1 TL Zucker • Salz, Pfeffer •
1 Twist-off-Glas à 300 ml*

1 Paprika und Chilischote waschen, halbieren,
Stielansatz, weiße Trennwände und Kerne
entfernen. Von den Paprikahälften die Haut mit
dem Sparschäler abziehen. Knoblauch schälen.
Paprika, Chili und Knoblauch fein würfeln.

2 Das Öl in einem Topf erhitzen, Paprika, Chili
und Knoblauch darin unter Rühren ca. 5 Min.
bei mittlerer Hitze andünsten. Mit 4 EL Wasser
ablöschen und offen weitere 10–15 Min. dünsten.

3 Das Gemüse mit dem Essig in einem hohen
Rührbecher fein pürieren. Mit Zucker, Salz und
Pfeffer würzen. In das Twist-off-Glas füllen und
abkühlen lassen. Gekühlt 1–2 Wochen haltbar.

GRÜNE GEMÜSE-KÄSE-MUFFINS 🍃

FÜRS BÜFETT

FÜR DIE MUFFINS
300 g Weizenmehl (Type 550)
2 TL Backpulver
Salz, Pfeffer
150 g mittelalter Gouda
150 g Zucchini
200 g junger Blattspinat
4 Eier (M)
250 ml Buttermilch
4 EL Olivenöl

FÜR DIE CREME
2 reife Avocados
150 g Frischkäse (Doppelrahmstufe)

AUSSERDEM
1 Muffin-Blech
12 Muffin-Papierförmchen

MEHR DARAUS MACHEN
Für Cupcakes die Avocadocreme ca. 2 Std. kalt stellen, dann in einen Spritzbeutel mit großer Sterntülle füllen und die Muffins damit dekorieren. Mit jeweils 1 kleinen Scheibe Chorizo oder 1 Stück Räucherlachs garnieren.

MUFFINS: Den Backofen auf 180° vorheizen. Die Mulden der Form mit den Muffin-Papierförmchen auslegen. Das Mehl mit Backpulver, 1 TL Salz und Pfeffer mischen. Den Käse in kleine Würfel schneiden oder grob reiben.

Zucchini waschen, putzen und fein raspeln, ca. 5 Min. ziehen lassen, dann zwischen mehreren Lagen Küchenpapier kräftig ausdrücken. Den Spinat verlesen, waschen und grobe Stiele entfernen. Die Blätter ca. 30 Sek. in kochendes Salzwasser tauchen, in ein Sieb abgießen, abschrecken und abtropfen lassen. Mit einem Löffel gut ausdrücken und fein hacken.

Eier mit Buttermilch und Öl verrühren. Die Mehlmischung mit den Rührbesen des Handrührgeräts in zwei Portionen unter den Eier-Mix rühren. Zucchini, Spinat und Käse unterheben.

BACKEN: Den Teig in die Förmchen füllen und im Ofen (2. Schiene von unten) in 35–40 Min. goldbraun backen. Die Muffins herausnehmen und ca. 10 Min. abkühlen lassen, dann aus der Form lösen und komplett auskühlen lassen.

CREME: Avocados halbieren, Kerne und Schale entfernen. Das Fruchtfleisch mit dem Frischkäse in einen hohen Rührbecher geben und mit dem Pürierstab cremig fein pürieren. Salzen, pfeffern. Creme zu den Muffins servieren.

1

2

3

WIRSING-LACHS-SUSHIS

FÜR GÄSTE

4

5

6

FÜR DEN REIS
125 g Sushi-Reis
2 EL Reisessig
1 TL flüssiger Honig
Salz

FÜR DIE SUSHIS
4 große Wirsingblätter (ca. 200 g)
Salz
1 Mini-Salatgurke
6 Blätter Chicorée
125 g Pfeffer-Stremellachs
150 g saure Sahne
2 TL Wasabipaste
Sojasauce zum Dippen

AUSSERDEM
1 Sushi-Matte

GU CLOU

Zerkochter Wirsing auf dem Teller? Nein, danke! Der Kohl sollte nur so kurz wie möglich gegart werden. Bereitet man ihn al dente, also mit leichtem Biss zu, bleibt besonders reichlich vom abwehrstärkenden Vitamin C erhalten.

REIS: Reis in einem Sieb kalt abspülen, bis das ablaufende Wasser klar ist (Bild 1). Abtropfen lassen und in einen Topf geben. Mit 250 ml Wasser aufkochen, etwa 2 Min. offen garen und dann zugedeckt ca. 20 Min. auf der abgeschalteten, noch warmen Herdplatte quellen lassen. Topf vom Herd ziehen, Deckel abnehmen und den Reis ca. 10 Min. stehen lassen.

In einem Topf Essig, Honig und ½ TL Salz bis zum Sieden erhitzen. Reis in einer flachen Schüssel ausbreiten (Bild 2). Mit dem Essig-Mix übergießen und ca. 30 Min. abkühlen lassen.

SUSHIS: Wirsing waschen und in kochendem Salzwasser in 3–4 Min. weich garen. Die Blätter herausheben, eiskalt abschrecken und abtropfen lassen. Mit einem Küchenpapier trocknen (Bild 3). Dicke Rippen keilförmig herausschneiden.

Gurke waschen, abtrocknen, längs halbieren, entkernen und in dünne Streifen schneiden. Chicorée waschen, trocken schütteln und in ca. 0,5 cm breite Streifen schneiden. Lachs enthäuten, fein würfeln. Saure Sahne mit Wasabi verrühren.

Ein Wirsingblatt quer auf der Sushi-Matte auslegen und mit ¼ vom Reis bedecken, oben und unten einen Rand frei lassen. ¼ der Wasabimischung auf der unteren Reis-Hälfte verteilen (Bild 4). Mit ¼ Gurken, Chicorée und Lachs belegen.

FERTIGSTELLEN: Wirsing mithilfe der Matte zu einer festen Rolle formen (Bild 5). Aus den übrigen Zutaten drei weitere Rollen zubereiten. Jeweils in 3–4 cm lange Stücke schneiden. Mit Sojasauce zum Dippen servieren (Bild 6).

Für 4 Personen • 25 Min. Zubereitung • Pro Portion ca. 270 kcal, 10 g E, 21 g F, 10 g KH

GEMÜSESTICKS MIT PESTO-DIP 🌿

VITAMINREICH

100 g Zuckerschoten
Salz
8 Stängel Basilikum
8 EL Olivenöl
1 EL Apfelessig
Pfeffer
200 g Magerquark
3 Mini-Salatgurken
2 Stangen Staudensellerie
1 Kohlrabi
1 große grüne Paprika

1 Für den Dip die Zuckerschoten waschen, putzen, in kochendem Salzwasser ca. 2 Min. garen, abgießen, abschrecken und gut abtropfen lassen. Dann die Zuckerschoten quer in feine Streifen schneiden.

2 Basilikum abbrausen, trocken schütteln. Die Blätter von den Stängeln zupfen und grob schneiden. Mit den Zuckerschotenstreifen und dem Öl in den Blitzhacker geben und sehr fein zerkleinern. Mit Essig, Salz und Pfeffer abschmecken. Quark untermischen.

3 Für die Sticks das restliche Gemüse waschen und putzen. Den Kohlrabi schälen, die Paprika halbieren, Stielansatz, weiße Trennwände und Kerne entfernen. Alles in etwa fingerbreite lange Streifen schneiden. In Gläsern anrichten und mit dem Dip servieren.

Für 4 Personen • 20 Min. Zubereitung • 1 Std. Backen • Pro Portion ca. 90 kcal, 2 g E, 8 g F, 4 g KH

CURRY-GRÜNKOHL-CHIPS 🍃

GUT VORZUBEREITEN

250 g Grünkohl
2 EL Kokosmus (aus dem Bio-
    Laden)
2 EL Aceto balsamico bianco
1 gehäufter TL Currypulver
½ TL Meersalz

1 Den Backofen auf 100° (Umluft) vorheizen. Ein Backblech mit Backpapier auslegen. Vom Grünkohl den dicken Stiel und die Blattrippen in der Mitte der Blätter entfernen. Grünkohlblätter (ca. 125 g) waschen, trocken schütteln und in mundgerechte Stücke zupfen.

2 Kokosmus mit Essig, 4 EL Wasser, Curry und Salz in einer Schüssel verrühren. Grünkohl zugeben und alles gründlich vermengen, dann auf dem Blech verteilen. Im Ofen (Mitte) 1–1 Std. 15 Min. backen, bis der Kohl knusprig und trocken ist. Zwischendurch mehrmals wenden.

3 Das Blech herausnehmen. Die Grünkohl-Chips auf dem Blech abkühlen lassen. In einem Schraubglas oder einem Behälter luftdicht verschlossen aufbewahren. So sind sie bis zu 2 Wochen haltbar. Die Chips passen hervorragend als Einlage in Salate und Suppen oder sind mit geröstetem Sesam vermischt ein nährstoffreicher Snack.

GRÜNE SALATE & SUPPEN

GRÜNER SALAT MIT KOKOS-HÄHNCHENFILET

LOW CARB

FÜR DAS HÄHNCHEN

2 Hähnchenbrustfilets (à ca. 200 g)
1 Stück Ingwer (ca. 2 cm lang)
1 Dose Kokosmilch (400 g)
Salz

FÜR DEN SALAT

1 Kopf Salat (z. B. Römersalat)
100 g junger Blattspinat
150 g Zuckerschoten
1 Salatgurke
2 Limetten
4 TL süßscharfe Chilisauce
  (Fertigprodukt)
Pfeffer
3 EL Rapskernöl

MEHR DARAUS MACHEN

50 g Wasabi-Erdnüsse oder gesalzene, geröstete Erdnusskerne grob hacken und vor dem Servieren auf den Salat streuen.

HÄHNCHEN: Das Fleisch mit Küchenpapier trocken tupfen. Ingwer schälen und in dünne Scheiben schneiden. Mit der Kokosmilch und 1 TL Salz in einen Topf geben und aufkochen. Das Fleisch darin bei niedriger bis mittlerer Hitze etwa 15 Min. garen, danach im Kokosfond ca. 30 Min. abkühlen lassen.

SALAT: In der Zwischenzeit Salat und Spinat putzen, verlesen, gründlich waschen und trocken schleudern. Große Salatblätter eventuell in grobe Stücke schneiden. Die Zuckerschoten putzen, waschen und schräg in ca. 1 cm breite Stücke schneiden. Gurke putzen, waschen, abtrocknen, streifig schälen und auf einem Gemüsehobel in dünne Scheiben hobeln.

Für das Dressing die Limetten halbieren. Den Saft auspressen und mit 150 ml vom Kokosfond, Chilisauce, Salz, Pfeffer und Öl in einer großen Schüssel verrühren. Salat, Spinat, Zuckerschoten und Gurke untermischen. Das Fleisch schräg in Scheiben schneiden, mit dem Salat auf Tellern anrichten und servieren.

Für 4 Personen • 30 Min. Zubereitung • Pro Portion ca. 485 kcal, 11 g E, 44 g F, 9 g KH

ZUCCHINI-ZOODLES-SALAT 🌿

SOMMER-REZEPT

50 g Pinienkerne
4 mittelgroße Zucchini
(ca. 600 g)
250 g Kirschtomaten
1 große Avocado
2 EL Limettensaft
150 g Baby-Salat-Mix (z. B.
Rucola, Spinat, Pflücksalat)
3 EL Aceto balsamico bianco
Salz, Pfeffer
8 EL Olivenöl
2 EL kleine Kapern
50 g Parmesan

1 Die Pinienkerne in einer Pfanne ohne Fett bei mittlerer Hitze goldbraun rösten. Aus der Pfanne nehmen und abkühlen lassen. In der Zwischenzeit die Zucchini waschen, putzen und mithilfe eines Spiralschneiders in feine Spaghetti-Streifen schneiden.

2 Tomaten waschen und je nach Größe halbieren oder vierteln. Die Avocado halbieren, Kern und Schale entfernen. Das Fruchtfleisch in ca. 2 cm große Würfel schneiden und mit dem Limettensaft beträufeln. Die Salatblätter verlesen, waschen und trocken schleudern.

3 Für das Dressing Essig, Salz, Pfeffer und Öl verrühren. Kapern abtropfen lassen. Parmesan mit dem Sparschäler in grobe Späne hobeln. Zucchininudeln, Salat, Avocado, Tomaten und Kapern vorsichtig mit dem Dressing mischen und auf Teller verteilen. Mit den Pinienkernen und Parmesanspänen bestreuen und sofort servieren.

Für 4 Personen • 30 Min. Zubereitung • Pro Portion ca. 185 kcal, 3 g E, 16 g F, 8 g KH

FENCHEL-ORANGEN-ROHKOST ◖

VOLLWERT-REZEPT

2 kleine Knollen Fenchel mit
  Grün (à ca. 300 g)
2 Stangen Staudensellerie
  (ca. 150 g)
Salz
2 EL Zitronensaft
1 Orange
1 Bund Rucola
Pfeffer
6 EL Olivenöl

1 Fenchel waschen und putzen, dabei das Grün aufheben. Knollen längs vierteln, den Strunk keilförmig herausschneiden. Die Viertel auf einem Gemüsehobel in dünne Scheiben hobeln. Sellerie waschen, putzen, in sehr feine Scheiben hobeln und zum Fenchel geben. 1 TL Salz und Zitronensaft hinzufügen und alles mit den Händen 1–2 Min. kneten. Etwa 20 Min. ziehen lassen, dabei öfter mischen.

2 Inzwischen die Orange mit einem scharfen Messer so schälen, dass die weiße Haut vollständig entfernt wird. Fruchtfilets zwischen den Trennhäuten herauslösen, dabei den Saft in einer Schüssel auffangen. Trennhäute ausdrücken. Rucola verlesen, waschen, trocken schleudern. Grobe Stiele entfernen, die Blätter grob zerzupfen.

3 Für die Sauce 4 EL Orangensaft mit Salz, Pfeffer und Öl in einer Schüssel verrühren. Fenchel-Sellerie-Mischung, Orangenfilets und Rucola untermischen. Das Fenchelgrün hacken und unterheben.

Für 4 Personen • 30 Min. Zubereitung • 30 Min. Ruhen • Pro Portion ca. 310 kcal, 8 g E, 21 g F, 20 g KH

SALAT MIT DREIERLEI BOHNEN 🍃

GUT VORZUBEREITEN

*1 kg dicke Bohnen (ca. 300 g
  Bohnenkerne gepalt;
  ersatzweise TK-dicke-
  Bohnenkerne)
400 g grüne Bohnen
200 g Prinzessbohnen
Salz
2 Schalotten
1 Knoblauchzehe
6 Stängel Bohnenkraut
4 EL Rotweinessig
2 TL scharfer Senf
Pfeffer
6 EL Olivenöl
2 EL Walnussöl*

1 Bohnen aus den Schoten palen. Kerne in kochendes Wasser geben, ca. 3 Min. garen, abgießen und abschrecken. Die Kerne aus den Häutchen drücken. Grüne Bohnen und Prinzessbohnen putzen und in kochendem Salzwasser in 7–8 Min. weich garen. Anschließend in ein Sieb abgießen, kalt abschrecken und abtropfen lassen.

2 Schalotten und Knoblauch schälen, fein würfeln. Bohnenkraut abbrausen, trocken schütteln. Die Blättchen von den Stängeln zupfen und hacken. Essig, 3 EL Wasser und Senf in einer Schüssel gründlich verrühren, kräftig mit Salz und Pfeffer würzen. Oliven- und Walnussöl mit dem Rührbesen nach und nach unterschlagen.

3 Sämtliche Bohnen, Bohnenkraut, Schalotten und Knoblauch mit der Sauce mischen und ca. 30 Min. durchziehen lassen. Dazu passt kurz gebratenes Rindfleisch, z. B. Rumpsteak oder Filetsteak.

Für 4 Personen • 30 Min. Zubereitung • 20 Min. Backen • 30 Min. Abkühlen •
Pro Portion ca. 240 kcal, 8 g E, 17 g F, 12 g KH

ROMANESCO-SALAT 🌿

SCHARF

1 Romanesco (ca. 800 g)
1 rote Zwiebel
1 Bio-Zitrone
6 EL Olivenöl
2 TL Harissa (scharfe Würzpaste)
1 TL gemahlener Kreuzkümmel
Salz, Pfeffer
1 Dose Kichererbsen (250 g Abtropfgewicht)
1 Bund Petersilie

1 Backofen mit Blech (Mitte) auf 200° vorheizen. Romanesco waschen, putzen und in kleine Röschen teilen. Zwiebel schälen, halbieren und in feine Streifen schneiden. Zitrone heiß waschen, abtrocknen, Schale fein abreiben. Die Zitrone halbieren, den Saft auspressen.

2 4 EL Öl, Harissa, Zitronenschale, 2 EL Zitronensaft und Kreuzkümmel mit Salz und Pfeffer verrühren. Gemüse darin wenden, bis es von den Gewürzen überzogen ist, dann auf das heiße Blech geben. Im Ofen 20–25 Min. rösten, dabei nach etwa 15 Min. wenden.

3 Inzwischen die Kichererbsen abgießen, abbrausen und abtropfen lassen. Petersilie abbrausen, trocken schütteln. Die Blätter abzupfen und hacken. Romanesco aus dem Ofen nehmen, ca. 30 Min. abkühlen lassen, dann mit Kichererbsen und zwei Drittel der Petersilie vermengen. Mit übrigem Zitronensaft, Öl (2 EL), Salz und Pfeffer würzen. Auf Tellern anrichten und mit Petersilie bestreuen. Dazu passt Joghurt.

GRÜNER CURRY-KOKOS-EINTOPF

AUS THAILAND

2 Stangen Lauch (ca. 400 g)
400 g Brokkoli
2 junge Zucchini (ca. 300 g)
2 EL Öl
4 TL grüne Thai-Currypaste
1 Dose Kokosmilch (400 g)
750 ml Gemüsebrühe
4 EL Fischsauce
¼ Chinakohl (ca. 300 g)
200 g Tofu indische Art
   (z. B. Curry-Mango; ersatz-
   weise Tofu natur)
1 Bio-Limette (nach Belieben)

GUT ZU WISSEN

In Thailand und Vietnam ist Fischsauce »das Salz« in der Küche. Traditionell wird sie meist aus Sardinen, Wasser und Salz hergestellt. Wer es lieber 100 Prozent vegetarisch mag, verwendet am besten No-Fish-Sauce auf der Basis von Meeresalgen. Die gibt es in Naturkostläden und Bio-Supermärkten zu kaufen.

1 Den Lauch putzen, gründlich waschen und schräg in etwa 1 cm breite Ringe schneiden. Brokkoli waschen, putzen und in kleine Röschen teilen, den dicken Stiel schälen und ca. 1 cm groß würfeln. Zucchini waschen, putzen, längs halbieren und schräg in ca. 1–2 cm breite Stücke schneiden.

2 Das Öl in einem breiten Topf erhitzen. Lauch und Brokkoli zugeben und ca. 3 Min. bei mittlerer Hitze braten. Die Currypaste hinzufügen und kurz anrösten. Mit Kokosmilch und Brühe auffüllen, aufkochen und mit 3 EL Fischsauce würzen. Den Eintopf zugedeckt bei niedriger Hitze ca. 5 Min. garen.

3 In der Zwischenzeit den Chinakohl waschen, putzen, den dicken Strunk herausschneiden und den Kohl in ca. 2 cm breite Streifen schneiden. Den Tofu trocken tupfen und in etwa 1,5 cm große Würfel schneiden. Limette nach Belieben heiß waschen, trocken reiben und halbieren. Von einer Hälfte den Saft auspressen, die zweite Hälfte in Spalten schneiden.

4 Zucchini, Chinakohl und Tofu in den Eintopf geben und weitere 3 Min. mitgaren. Mit übriger Fischsauce und nach Belieben mit Limettensaft abschmecken. Den Eintopf auf Teller verteilen und nach Wunsch mit Limettenspalten garnieren.

Für 4 Personen • 25 Min. Zubereitung • 2 Std. Kühlen • Pro Portion ca. 215 kcal, 5 g E, 13 g F, 18 g KH

GRÜNER GAZPACHO 🌿

GUT VORZUBEREITEN

3 hellgrüne Spitzpaprika
  (ca. 375 g)
1 grüne Chilischote
150 g Zucchini
1 Salatgurke
2 Schalotten
1 Knoblauchzehe
125 g junger Blattspinat
4 EL Weißweinessig
5 EL Olivenöl
Salz, Pfeffer
100 g Ciabatta

1 Paprika und Chili waschen, längs halbieren, Stielansatz, weiße Trennwände und Kerne entfernen. Zucchini waschen und putzen. Gurke putzen und schälen. Schalotten und Knoblauch schälen. Alles in Stücke schneiden. Spinat verlesen, waschen und trocken schleudern, eine Handvoll Blätter für die Garnierung beiseitelegen.

2 Die vorbereiteten Zutaten in einen hohen Rührbecher oder in den Mixbehälter geben. Essig, 3 EL Öl und 150 ml kaltes Wasser hinzufügen und das Gemüse erst auf kleiner, dann auf höchster Stufe mit dem Pürierstab oder im Standmixer cremig fein pürieren. Salzen und pfeffern. Gazpacho für ca. 2 Std. in den Kühlschrank stellen.

3 Für die Croûtons das Brot ca. 1,5 cm groß würfeln. Übriges Öl in einer Pfanne erhitzen, die Brotwürfel darin bei mittlerer Hitze in 6–8 Min. rundherum goldbraun braten, salzen. Gazpacho mit den beiseitegelegten Spinatblättern und Croûtons servieren.

Für 4 Personen • 50 Min. Zubereitung • Pro Portion ca. 250 kcal, 7 g E, 19 g F, 11 g KH

CREMIGE GRÜNSPARGELSUPPE 🌿

VEGAN

750 g grüner Spargel
1 Stange Lauch (ca. 300 g)
100 g vorwiegend festkochende
  Kartoffeln
3 Schalotten
1 Knoblauchzehe
4 EL Olivenöl
1 l Mandeldrink (ungesüßt)
250 ml Gemüsebrühe
40 g Nusskernmischung
  (z. B. Mandeln, Cashew-,
  Walnuss-, Haselnusskerne)
Salz, Pfeffer
2 EL Zitronensaft

1 Den Spargel waschen, die Enden knapp abschneiden, die Spitzen abschneiden, längs halbieren und beiseitelegen. Die Stangen im unteren Drittel schälen und in ca. 1 cm große Stücke schneiden. Den Lauch putzen, waschen und in dünne Ringe schneiden. Kartoffeln schälen, waschen und würfeln. Schalotten und Knoblauch schälen, fein würfeln.

2 In einem Topf 2 EL Öl erhitzen, Schalotten und Knoblauch darin bei mittlerer Hitze glasig dünsten. Spargelstücke, Lauch und Kartoffeln zugeben, 3–4 Min. mitdünsten. Mit Mandeldrink und Brühe auffüllen und alles zugedeckt bei mittlerer Hitze 10–15 Min. köcheln lassen.

3 Nuss-Mix grob hacken, in einer Pfanne bei mittlerer Hitze anrösten, dann herausnehmen. Übriges Öl (2 EL) in der Pfanne erhitzen, Spargelspitzen darin bei mittlerer Hitze 2–3 Min. anbraten. Die Suppe fein pürieren, mit Salz, Pfeffer und Zitronensaft abschmecken. In tiefen Tellern anrichten, Nuss-Mix und Spargelspitzen darauf verteilen.

HAUPTSACHEN & BEGLEITER

GEDÄMPFTES GRÜNES FRÜHLINGSGEMÜSE 🌿

VITAMINREICH

500 g Brokkoli
2 junge Kohlrabi
250 g Bundmöhren
200 g Zuckerschoten
4 Schalotten
Salz, Pfeffer
2 EL Kürbiskerne
½ Bio-Zitrone
40 g Butter
2 EL Kürbiskernöl

GUT ZU WISSEN

Man muss nicht – wie so oft empfohlen – ein Glas Orangensaft trinken, um die Aufnahme von Eisen aus pflanzlicher Nahrung zu fördern. Das dafür notwendige Vitamin C ist reichlich im grünen Gemüse enthalten.

1 Den Brokkoli waschen, putzen und in kleine Röschen teilen, die Stiele schälen und quer in dünne Scheiben schneiden. Kohlrabi putzen, schälen und in Spalten schneiden. Möhren putzen, dabei einen kleinen grünen Stiel stehen lassen. Die Möhren gut waschen oder dünn schälen. Je nach Dicke längs und quer halbieren. Die Zuckerschoten verlesen, putzen und waschen. Schalotten schälen und längs vierteln.

2 In einem Topf 2–3 cm hoch Wasser einfüllen, salzen und zum Kochen bringen. Brokkolischeiben, Kohlrabi, Möhren, Zuckerschoten und Schalotten auf einem Dämpfeinsatz oder Siebeinsatz verteilen, Brokkoliröschen obenauf legen. Leicht salzen und pfeffern. Den Einsatz in den Topf stellen – das Gemüse soll das Wasser nicht berühren – und den Topf mit dem Deckel verschließen. Das Gemüse in 15–20 Min. bei mittlerer Hitze weich dämpfen, dann den Topf vom Herd nehmen.

3 Inzwischen die Kürbiskerne in einer Pfanne ohne Fett rösten. Neben dem Herd abkühlen lassen. Zitrone heiß waschen, abtrocknen. Die Schale fein abreiben, den Saft auspressen.

4 Die Butter in einer beschichteten Pfanne erhitzen. Etwa 100 ml von der Dämpfflüssigkeit zugeben und das Gemüse darin wenden. Mit Salz, Pfeffer und 2 EL Zitronensaft pikant abschmecken. Kürbiskerne und Zitronenschale dazugeben, das Gemüse auf Tellern anrichten und mit Kürbiskernöl beträufeln. Dazu schmeckt kurz gebratenes Fleisch oder Geflügel.

Für 4 Personen • 40 Min. Zubereitung • Pro Portion ca. 235 kcal, 9 g E, 12 g F, 17 g KH

ERBSEN AUF FRANZÖSISCHE ART

EINFACH

1 kg Erbsenschoten (ca. 400 g
ausgepalt; ersatzweise
TK-Erbsen)
200 g Schalotten
1 Römersalat (ca. 300 g)
1 EL Butter
100 ml trockener Weißwein
(ersatzweise Gemüsebrühe)
Salz, Pfeffer
1 Bund Petersilie
1 Bund Basilikum
4 EL Crème fraîche

1 Die Erbsen aus den Schoten palen, TK-Erbsen antauen lassen. Die Schalotten schälen und je nach Größe im Ganzen lassen oder längs halbieren. Salat putzen, gründlich waschen. Die Blätter trocken schleudern und in 1–2 cm breite Streifen schneiden.

2 In einem breiten Topf ½ EL Butter erhitzen, Schalotten darin bei mittlerer Hitze ca. 5 Min. anbraten. Erbsen dazugeben, Wein angießen, mit Salz und Pfeffer würzen. Aufkochen und offen bei mittlerer Hitze ca. 5 Min. köcheln. Salat hinzufügen und 2–3 Min. mitgaren.

3 Kräuter waschen, trocken schütteln, die Blätter abzupfen. Petersilie fein, Basilikum grob hacken. Etwa 2 EL beiseitestellen, übrige Kräuter und Butter (½ EL) unter das Gemüse heben. Gemüse mit je 1 EL Crème fraîche anrichten. Beiseitegestellte Kräuter darüberstreuen. Dazu passt gebratenes Fleisch, Geflügel oder Fisch.

Für 4 Personen • 35 Min. Zubereitung • Pro Portion ca. 575 kcal, 29 g E, 47 g F, 10 g KH

ZUCCHINI-PIMIENTOS-PFANNE 🌿

SOMMER-REZEPT

4 kleine Zwiebeln
2 Knoblauchzehen
3 Zucchini (ca. 600 g)
200 g Pimientos de Padrón
  (spanische Bratpaprika)
450 g Halloumi
6 EL Olivenöl
Salz, Pfeffer
1 Bund Petersilie
100 g grüne Oliven
2 TL Zitronensaft

1 Zwiebeln und Knoblauch schälen, Zwiebeln in dünne Ringe, Knoblauch in feine Scheiben schneiden. Zucchini waschen, putzen, längs halbieren und in ca. 1 cm breite Stücke schneiden. Pimientos abbrausen und abtropfen lassen. Halloumi ca. 1,5 cm groß würfeln.

2 In einer großen beschichteten Pfanne 2 EL Öl erhitzen. Halloumi darin bei hoher Hitze in zwei Portionen unter Wenden in 3–4 Min. rundum hellbraun braten. Aus der Pfanne nehmen. Übriges Öl in der Pfanne erhitzen. Zwiebeln, Knoblauch, Pimientos und Zucchini zugeben, bei hoher Hitze 4–5 Min. braten, salzen und pfeffern.

3 In der Zwischenzeit die Petersilie abbrausen, trocken schütteln. Die Blättchen von den Stängeln zupfen und hacken. Halloumi und Oliven zum Gemüse geben und ca. 2 Min. erwärmen. Mit Zitronensaft, Salz und Pfeffer würzen. Das Gericht auf Teller verteilen und mit Petersilie bestreut servieren. Dazu passt Fladenbrot oder Ciabatta.

1

2

3

BROKKOLI-BRATLINGE MIT SALAT 🍃

LOW CARB

4

5

6

Für 4 Personen • 1 Std. Zubereitung • 25 Min. Backen • Pro Portion ca. 330 kcal, 23 g E, 14 g F, 25 g KH

FÜR DIE BRATLINGE

600 g Brokkoli
1 grüne Paprika
2 Frühlingszwiebeln
Salz
80 g Parmesan
100 g zarte Haferflocken
2 Eier (M)
Pfeffer

FÜR DEN SALAT

1 Kopf Salat
2 Mini-Salatgurken
300 g Joghurt
4 TL mittelscharfer Senf

GU CLOU

Fein zerkleinert statt blanchiert: Selbst gebraten enthält Brokkoli noch viel mehr antioxidative Pflanzenstoffe und Vitamin C als nach dem Garen in reichlich kochendem Salzwasser – dabei gehen wertvolle Inhaltsstoffe im Kochwasser verloren.

GEMÜSE-MIX: Den Brokkoli putzen, waschen und in kleine Röschen teilen, Stiele schälen und grob schneiden. In einem Blitzhacker in mehreren Portionen reiskorngroß zerkleinern; bitte nicht zu fein, sonst wird der Brokkoli musig (Bild 1).

Paprika waschen, halbieren, Stielansatz, weiße Trennwände und Kerne entfernen. Paprika raspeln. Frühlingszwiebeln waschen, putzen, weiße Teile in kleine Würfel, grüne Teile in dünne Ringe schneiden. Alle Gemüse in einer Schüssel mit 1 TL Salz mischen (Bild 2). Etwa 20 Min. ziehen lassen.

SALAT: Salat putzen, waschen, trocken schleudern und die Blätter in grobe Stücke schneiden. Gurken putzen, waschen und in dünne Scheiben hobeln. Für das Dressing Joghurt, Senf, Salz und Pfeffer in einer Schüssel verrühren.

BRATLINGE: Backofen auf 180° vorheizen. Ein Backblech mit Backpapier auslegen. Gemüsemischung auf ein Geschirrtuch geben und mithilfe des Tuchs kräftig ausdrücken (Bild 3), anschließend in eine Schüssel geben. Parmesan reiben. Mit den Haferflocken zum Gemüse geben und gut untermischen. Eier einzeln unterrühren. Mit Salz und Pfeffer würzen.

Die Masse zu zwölf Bratlingen formen (Bild 4). Auf das vorbereitete Blech legen. Bratlinge im vorgeheizten Ofen (Mitte) etwa 25 Min. backen, bis sie gebräunt und knusprig sind (Bild 5). Aus dem Ofen nehmen und etwas abkühlen lassen.

FERTIGSTELLEN: Salat, Gurken und Dressing vermischen. Zum Servieren mit je drei Bratlingen anrichten (Bild 6).

Für 4 Personen • 35 Min. Zubereitung • Pro Portion ca. 890 kcal, 29 g E, 55 g F, 68 g KH

GRÜNE SPARGEL-PASTA MIT KRÄUTERÖL

AUS ITALIEN

FÜR DAS KRÄUTERÖL
1 Bio-Zitrone
1 Bund Petersilie
4 Stängel Basilikum
3 Sardellenfilets
2 EL Kapern
75 ml Olivenöl
Salz, Pfeffer

FÜR DIE SPARGEL-PASTA
Salz
500 g grüner Spargel
1 Bund Frühlingszwiebeln
350 g Spaghetti
2 EL Olivenöl
Pfeffer
4 Kugeln Büffel-Mozzarella

RESTE-TIPP
Noch etwas übrig? Kein Problem! Ob fürs Büro oder für unterwegs – abgekühlt ist die Pasta mit Kräuterwürze, Zitronenfrische und Mozzarella ein toller Salat to go.

KRÄUTERÖL: Die Zitrone heiß waschen, abtrocknen und die Schale fein abreiben. Zitrone halbieren, den Saft auspressen. Petersilie und Basilikum waschen, trocken schütteln und die Blätter von den Stängeln zupfen. Etwas Basilikum für die Garnierung beiseitelegen, die restlichen Kräuter grob hacken.

Sardellenfilets abspülen, grob schneiden. Kapern abtropfen lassen. Zitronenschale und -saft, gehackte Kräuter, Sardellen und Kapern mit dem Öl in einen hohen Rührbecher geben und mit dem Pürierstab fein pürieren. Salzen und pfeffern.

SPARGEL-PASTA: In einem großen Topf reichlich Salzwasser aufkochen. In der Zwischenzeit den Spargel waschen, im unteren Drittel schälen, holzige Enden abschneiden. Spargel quer halbieren, dicke Stangen auch längs halbieren. Frühlingszwiebeln waschen, putzen und in dünne Ringe schneiden.

Die Nudeln im kochenden Salzwasser nach Packungsangabe bissfest garen. Das Öl in einer großen Pfanne erhitzen. Den Spargel darin ca. 5 Min. bei mittlerer Hitze anbraten. Die Frühlingszwiebeln 2–3 Min. mitgaren. 100 ml Nudelkochwasser angießen, kurz aufkochen. Mit Salz und Pfeffer abschmecken.

ANRICHTEN: Die Nudeln abgießen, tropfnass mit dem Kräuteröl vermengen. Mit dem Gemüse mischen und mit je 1 Kugel Mozzarella anrichten. Mit Basilikum garniert servieren.

Für 4 Personen • 45 Min. Zubereitung • Pro Portion ca. 575 kcal, 19 g E, 21 g F, 69 g KH

SPITZKOHL-RISOTTO 🌿

ITALIENISCH

1 l Gemüsebrühe
2 Zwiebeln
2 Knoblauchzehen
1 kleiner Spitzkohl (ca. 750 g)
5 EL Olivenöl
300 g Risotto-Reis
125 ml trockener Weißwein
  (ersatzweise Gemüsebrühe)
Salz, Pfeffer
1 Dose Artischockenherzen
  (240 g Abtropfgewicht)
100 g italienischer Hartkäse
  (z. B. Grana padano)
1 Bund Petersilie

1 Gemüsebrühe in einem Topf erhitzen. Zwiebeln und Knoblauch schälen, fein würfeln. Spitzkohl putzen, waschen und längs vierteln, dabei den Strunk entfernen. Die Viertel in feine Streifen schneiden.

2 Das Öl in einem ,Topf erhitzen, Zwiebeln darin bei mittlerer Hitze glasig dünsten. Reis und Knoblauch 1–2 Min. mitdünsten. Mit Wein ablöschen und so lange rühren, bis die Flüssigkeit aufgesogen ist. Zwei Drittel vom Kohl und 400 ml heiße Brühe zufügen, salzen und pfeffern. Unter Rühren 15–18 Min. weitergaren, dabei nach und nach 400–600 ml Brühe zugießen und immer wieder einkochen lassen.

3 Artischocken abtropfen lassen, vierteln. Käse reiben. Petersilie waschen, trocken schütteln, die Blätter fein hacken. Artischocken, 60 g Käse und zwei Drittel der Petersilie mit übrigem Spitzkohl unter das Risotto heben. Mit Salz und Pfeffer abschmecken, restliche Kräuter und übrigen Käse darüberstreuen. Dazu passt Lachsfilet.

Für 4 Personen • 35 Min. Zubereitung • Pro Portion ca. 325 kcal, 11 g E, 26 g F, 10 g KH

ROSENKOHL-PÜREE

WINTER-REZEPT

800 g Rosenkohl (ersatzweise
  TK-Rosenkohl)
Salz
3 Schalotten
1 EL Olivenöl
150 g Sahne
2 EL Butter
Pfeffer
frisch geriebene Muskatnuss
30 g Walnusskerne

1 Rosenkohl putzen, den Strunk über Kreuz einschneiden, äußere Blätter ablösen. TK-Rosenkohl auftauen lassen. Die Kohlröschen in kochendem Salzwasser ca. 5 Min. garen, herausheben, abschrecken und abtropfen lassen. Das Kochwasser erneut aufkochen, Rosenkohlblätter darin ca. 30 Sek. blanchieren, dann abgießen, eiskalt abschrecken und abtropfen lassen. Schalotten schälen, fein würfeln.

2 Das Öl in einem breiten Topf erhitzen, die Schalottenwürfel darin bei mittlerer Hitze 2–3 Min. glasig dünsten. Kohlröschen und Sahne dazugeben. Kohl zugedeckt bei niedriger Hitze in etwa 5 Min. weich garen. Anschließend 1 ½ EL Butter zufügen und alles fein pürieren. Das Püree mit Salz, Pfeffer und Muskat abschmecken.

3 Übrige Butter in einer Pfanne erhitzen, Kohlblätter kurz darin schwenken, salzen. Nüsse hacken. Püree mit Rosenkohlblättern und Nüssen anrichten. Dazu passen Frikadellen oder gebratenes Wild.

GRÜNE GEMÜSEPIZZA 🌿

GUT VORZUBEREITEN

FÜR DEN TEIG
½ Würfel Hefe (21 g)
400 g Weizenmehl (Type 550)
Salz
2 EL Olivenöl
Mehl zum Arbeiten

FÜR DEN BELAG
100 g TK-Erbsen
Salz
250 g grüner Spargel
200 g junge Zucchini
2 EL Olivenöl
100 g Gruyère
100 g Crème fraîche
Pfeffer
40 g Rucola
4 TL Chiliöl

GUT ZU WISSEN
Wer es bunter mag, belegt die Pizzas zusätzlich mit etwa 100 g gehobelten Möhrenscheiben. 2 EL geröstete Pinienkerne geben dem Ganzen noch eine feinnussige Note.

TEIG: Hefe in 200 ml lauwarmem Wasser auflösen. Mehl mit 1 TL Salz in einer Rührschüssel mischen, in die Mitte eine Mulde drücken. Hefewasser und Öl hineingeben und alles mit den Knethaken des Handrührgeräts zu einem glatten Teig verkneten. Auf der bemehlten Arbeitsfläche 10 Min. durchkneten, dann zugedeckt an einem warmen Ort ca. 1 Std. gehen lassen.

BELAG: Inzwischen die Erbsen in kochendem Salzwasser ca. 1 Min. garen, abgießen und eiskalt abschrecken. Spargel im unteren Drittel schälen, holzige Enden abschneiden. Spargel schräg in etwa 2 cm dicke Stücke schneiden. Zucchini waschen, putzen und in dünne Scheiben hobeln oder schneiden. In einer großen Pfanne das Öl erhitzen, Spargel und Zucchini darin bei mittlerer Hitze 2–3 Min. anbraten, dann vom Herd nehmen und die Erbsen unter das Gemüse mischen. Den Käse reiben.

PIZZA: Den Backofen auf 220° vorheizen. Teig kurz durchkneten, zu vier Kugeln formen. Auf der bemehlten Arbeitsfläche zu Fladen (à 22 cm ∅) ausrollen. Jeweils zwei Fladen auf einen Bogen Backpapier geben, mit der Crème fraîche bestreichen und mit dem Gemüse belegen. Salzen und pfeffern. Mit Käse bestreuen. Je zwei Pizzas mit Hilfe des Backpapiers auf ein Blech ziehen. Im vorgeheizten Backofen (unten) in 15–20 Min. goldbraun backen. Übrige Pizzas in gleicher Weise backen.

FERTIGSTELLEN: Rucola verlesen, waschen und trocken schleudern. Fertige Pizzas aus dem Ofen nehmen und auf vier Teller geben. Mit Rucola und je 1 TL Chiliöl garnieren.

SATÉ-HÄHNCHENKEULEN MIT GEMÜSE

ASIATISCH

FÜR DAS HÄHNCHEN

1 Stück Ingwer (ca. 2 cm lang)
2 Knoblauchzehen
1 rote Chilischote
100 g Erdnusscreme
   (»crunchy«)
3 EL Erdnussöl
3 EL Sojasauce
4 Hähnchenkeulen (à ca. 250 g)

FÜR DAS GEMÜSE

1 Romanesco (ca. 600 g;
   ersatzweise Blumenkohl)
4 Frühlingszwiebeln
300 g Zuckerschoten
Salz, Pfeffer

MEHR DARAUS MACHEN

Mit dem grünen Gemüse noch 4 EL ungesalzene Erdnusskerne oder Wasserkastanien (aus der Dose) und 1 Bio-Limette, in Spalten geschnitten, auf der Fettpfanne verteilen.

HÄHNCHEN: Ingwer und Knoblauch schälen. Chili waschen, halbieren, Stielansatz, weiße Trennwände und Kerne entfernen. Ingwer, Knoblauch und Chili fein würfeln und mit Erdnusscreme, 1 EL Öl und Sojasauce in einer flachen Schale verrühren.

Die Hähnchenkeulen im Gelenk teilen und mit Küchenpapier trocken tupfen. Die Geflügelteile in die Marinade geben und darin wenden, bis sie rundherum mit Sauce überzogen sind. Mit Frischhaltefolie abdecken und ca. 2 Std. im Kühlschrank marinieren. Den Backofen auf 200° vorheizen. Hähnchenteile in die Fettpfanne legen und im Ofen (Mitte) ca. 20 Min. backen.

GEMÜSE: Romanesco waschen, putzen und in Röschen teilen. Frühlingszwiebeln waschen, putzen und schräg in etwa 4 cm breite Stücke schneiden. Zuckerschoten waschen und verlesen.

Die Fettpfanne aus dem Ofen nehmen. Das grüne Gemüse um das Fleisch herum verteilen, salzen und pfeffern und mit dem restlichen Öl (2 EL) beträufeln. Im Ofen weitere 10–15 Min. backen, bis das Gemüse gar und das Hähnchen gebräunt ist.

ANRICHTEN: Das Gemüse mit jeweils 1 Hähnchenober- und -unterkeule anrichten. Dazu passt Reis (z. B. weißer Patna-Reis).

GRÜNES WOK-GEMÜSE MIT RUMPSTEAK

FÜR GÄSTE

*2 Rumpsteaks (ohne Fettrand;
  à ca. 200 g)*
400 g grüne Bohnen
Salz
400 g Baby-Pak-Choi
6 Frühlingszwiebeln
1 Stück Ingwer (ca. 4 cm lang)
2 Knoblauchzehen
*2 grüne Chilischoten (nach
  Belieben)*
300 ml Gemüsebrühe
4 EL Sojasauce
2 TL Speisestärke
6 EL Erdnussöl
Pfeffer

MEHR DARAUS MACHEN
Das Wok-Gemüse mit
1–2 EL Limettensaft verfeinern
und mit 1 Bund gehacktem
Koriandergrün und 1 EL geröstetem Sesam bestreuen.

1 Das Fleisch mit Küchenpapier trocken tupfen und quer in ca. 1 cm breite Streifen schneiden. Bohnen waschen, putzen und quer halbieren. In kochendem Salzwasser ca. 5 Min. garen, dann in ein Sieb abgießen, abschrecken und abtropfen lassen.

2 Pak Choi und Frühlingszwiebeln waschen, putzen und in ca. 2 cm breite Streifen bzw. Stücke schneiden. Ingwer und Knoblauch schälen, fein würfeln. Falls gewünscht, Chilischoten waschen, halbieren, Stielansätze, weiße Trennwände und Kerne entfernen. Die Hälften winzig klein würfeln. Die Gemüsebrühe mit Sojasauce und Speisestärke in einer Schale gut verrühren.

3 In einem Wok 4 EL Öl erhitzen, das Fleisch darin bei hoher Hitze portionsweise in 2–3 Min. kräftig anbraten. Herausnehmen, mit Salz und Pfeffer würzen und warm stellen.

4 Das restliche Öl (2 EL) im Wok erhitzen. Ingwer, Knoblauch und Chili zugeben und unter ständigem Rühren 1–2 Min. bei mittlerer Hitze andünsten. Bohnen hinzufügen und ca. 2 Min. pfannenrühren. Frühlingszwiebeln und Pak Choi in den Wok geben und weitere 2 Min. unter stetigem Rühren mitgaren.

5 Zuletzt die angerührte Würzflüssigkeit und das Fleisch zugeben und alles ca. 1 Min. köcheln lassen. Die Wok-Pfanne mit Salz und Pfeffer abschmecken. Mit Basmati-Reis servieren.

REGISTER

Vegetarische Rezepte, die im Buch mit einem ◖ gekennzeichnet sind, sind hier grün abgesetzt.

Abkürzungsverzeichnis:
E = Eiweiß
EL = Esslöffel
(gestrichen)
F = Fett
kcal = Kilokalorien
KH = Kohlenhydrate
Msp. = Messerspitze
Pck. = Päckchen
TK = Tiefkühl
TL = Teelöffel
(gestrichen)
Ø = Durchmesser

© 2020 GRÄFE UND UNZER VERLAG GmbH, München
Alle Rechte vorbehalten. Nachdruck, auch auszugsweise, sowie die Verbreitung durch Film, Funk, Fernsehen und Internet, durch fotomechanische Wiedergabe, Tonträger und Datenverarbeitungssysteme jeglicher Art nur mit schriftlicher Genehmigung des Verlags.

Projektleitung: Linh Nguyen
Lektorat: Dr. Stefanie Gronau
Korrektorat: Jutta Friedrich
Gesamtgestaltung: independent Medien-Design, Horst Moser, München
Herstellung: Renate Hutt
Satz: Kösel, Krugzell
Reproduktion: Medienprinzen, München
Druck und Bindung:
Firmengruppe APPL, aprinta druck, Wemding
Syndication:
www.seasons.agency
Printed in Germany

1. Auflage 2020
ISBN 978-3-8338-7296-9

www.facebook.com/gu.verlag

GRÄFE
UND
UNZER

Ein Unternehmen der
GANSKE VERLAGSGRUPPE

DIE AUTORIN

Martina Kittler ist Oecotrophologin und Autorin zahlreicher Kochbücher. Sie legt viel Wert auf eine gesunde und ausgewogene Ernährung. Mit den kreativen und köstlichen Rezepten in diesem Buch zeigt sie, dass feines grünes Gemüse wie grüner Spargel, Mangold, Blattspinat nicht nur lecker und gesund ist, sondern dass es sich auch vielseitig zubereiten lässt.

DER FOTOGRAF

Wolfgang Schardt kann seine Liebe für Essen und Trinken beruflich ausleben: In seinem Studio in Hamburg fotografiert er Food, Stills und Interieur für namhafte Magazine und Verlage. Zusammen mit **Anne-Katrin Weber** (Foodstyling) und **Maik Sieger** (Assistenz) hat er die grünen Leckereien stilvoll in Szene gesetzt.
www.wolfgangschardt.com

BILDNACHWEIS

Wolfgang Schardt: S. 06–59 und Stepfotos auf den Klappen
Auen60 Photography (Julia Schärdel & Ines Häberlein): S. 01, 05 und Stillleben auf den Klappen
Coverfoto: Kathrin Koschitzki
Autorenfoto: Michael Kremer, Fotodesign

Umwelthinweis:

Dieses Buch ist auf PEFC-zertifiziertem Papier aus nachhaltiger Waldwirtschaft gedruckt.

LIEBE LESERINNEN UND LESER,

wir wollen Ihnen mit diesem Buch Informationen und Anregungen geben, um Ihnen das Leben zu erleichtern oder Sie zu inspirieren, Neues auszuprobieren. Wir achten bei der Erstellung unserer Bücher auf Aktualität und stellen höchste Ansprüche an Inhalt und Gestaltung. Alle Anleitungen und Rezepte werden von unseren Autoren, jeweils Experten auf ihrem Gebiet, gewissenhaft erstellt und von unseren Redakteuren/innen mit größter Sorgfalt ausgewählt und geprüft.

Haben wir Ihre Erwartungen erfüllt? Sind Sie mit diesem Buch und seinen Inhalten zufrieden? Haben Sie weitere Fragen zu diesem Thema? Wir freuen uns auf Ihre Rückmeldung, auf Lob, Kritik und Anregungen, damit wir für Sie immer besser werden können. Und wir freuen uns, wenn Sie diesen Titel weiterempfehlen, in Ihrem Freundeskreis oder online.

Sollten wir Ihre Erwartungen so gar nicht erfüllt haben, tauschen wir Ihnen Ihr Buch jederzeit gegen ein gleichwertiges zum gleichen oder ähnlichen Thema um.

KONTAKT

GRÄFE UND UNZER VERLAG
Leserservice
Postfach 86 03 13
81630 München
E-Mail: leserservice@graefe-und-unzer.de

Telefon: 0 08 00 / 72 37 33 33*
Telefax: 0 08 00 / 50 12 05 44*
Mo – Do: 9.00 – 17.00 Uhr
Fr: 9.00 – 16.00 Uhr (*gebührenfrei in D,A,CH)

APPETIT AUF MEHR?

ISBN 978-3-8338-6625-8

ISBN 978-3-8338-6879-5

ISBN 978-3-8338-6874-0

ISBN 978-3-8338-6850-4

ISBN 978-3-8338-7141-2

ISBN 978-3-8338-6854-2

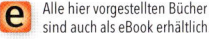

Alle hier vorgestellten Bücher sind auch als eBook erhältlich.

DIE »GU KOCHEN PLUS«-APP

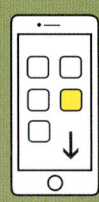

1 APP HERUNTERLADEN

Laden Sie die kostenlose »GU Kochen Plus«-
App im Apple App Store oder im Google Play
Store auf Ihr Smartphone. Starten Sie die App
und wählen Sie Ihren Küchenratgeber aus.

2 REZEPTBILD SCANNEN

Scannen Sie das gewünschte Rezeptbild mit der
Kamera Ihres Smartphones. Klicken Sie im Display
die Funktion Ihrer Wahl.

3 FUNKTIONEN NUTZEN

Sammeln Sie Ihre Lieblingsrezepte. Speichern
und verschicken Sie Ihre Einkaufslisten. Oder
nutzen Sie den praktischen Supermarkt-Finder
und den Rezept-Planer.